Matthias Fiedler

Idéen om de innovative Matchning af ejendomme: Fast ejendom mæglervirksomhed nemt

Matchning af ejendomme: Effektiv, nem og professionel ejendomsmægling med en innovativ portal med matchning af ejendomme

Udgivelsesoplysninger– Kolofon | Juridiske oplysninger

1. udgave som bogtryk | Februar 2017
(Oprindeligt udgivet på tysk, December 2016)

© 2016 Matthias Fiedler

Matthias Fiedler
Erika-von-Brockdorff-Str. 19
41352 Korschenbroich
Tyskland
www.matthiasfiedler.net

Tryk og produktion:
Se kolofon på sidste side

Omslagsdesign: Matthias Fiedler
Ophav til E-bog: Matthias Fiedler

ISBN-13 (Paperback): 978-3-947082-94-0
ISBN-13 (E-bog mobil): 978-3-947082-95-7
ISBN-13 (E-bog e-pub): 978-3-947082-96-4

Bibliografiske oplysninger fra Deutsche Nationalbibliothek:
The Deutsche Nationalbibliothek registrerer denne udgivelse i Deutsche Nationalbibliografie; detaljerede bibliografiske oplysninger fås på internettet på http://dnb.d-nb.de.

SAMMENDRAG

Bogen forklarer et revolutionerende koncept til en verdensomspændende portal med matchning af ejendomme (app) med en beregning af det betragtelige salgspotentiale (milliarder dollars), som er integreret i en software til ejendomsmæglervirksomheder, inklusiv ejendomsvurdering (billion dollars i salgspotentiale).

Det betyder, at bolig- eller erhvervsejendomme - uanset om det er ejerbolig eller leje - kan handles effektivt og på en tidsbesparende måde. Det er fremtiden inden for nyskabende og professionel ejendomsmægling for alle ejendomsmæglere og ejendomsejere. Matchning af ejendomme virker i næsten alle lande og endda på tværs af lande.

I stedet for at "bringe" ejendomme til køberen eller lejeren, så kan potentielle købere eller lejere vha. en portal med matchning af ejendomme kvalificeres (søgeprofil), og derefter matches og linkes til de udbudte ejendomme af ejendomsmæglerne.

INDHOLD

Forord   Side 07

1. Idéen om de innovative Matchning af ejendomme:
Fast ejendom mæglervirksomhed nemt   Side 08

2. Målsætning fra potentielle købere eller lejere
og sælgere af ejendom   Side 09

3. Tidligere tilgange til søgning på
ejendomme   Side 10

4. Ulemper ved private sælgere/fordele
ved ejendomsmæglere   Side 12

5. Matchning af ejendomme   Side 14

6. Anvendelsesområde for applikation   Side 21

7. Fordele   Side 22

8. Regneeksempel (potentiale)   Side 24

9. Konklusion   Page 33

10. Integrering af portal med matchning af ejendomme
i ny software til ejendomsmæglervirksomheder
Inklusiv ejendomsvurdering   Side 36

FORORD

I 2011 udtænkte og udviklede jeg idéen, som er beskrevet hér, med en innovativ fremgangsmåde til matchning af ejendomme.

Siden 1988 har jeg været involveret i ejendomshandelssektoren (herunder ejendomsmægling, køb og salg og ejendomsudvikling/-byggeri). Jeg er ejendomsmægler (IHK), ejendomsøkonom (ADI) og certificeret ekspert i ejendomsvurdering (DEKRA), samt medlem af den internationalt anerkendte forening Royal Institution of Chartered Surveyors (MRICS).

Matthias Fiedler

Korschenbroich, 10/31/2016

www.matthiasfiedler.net

1. Idéen om de innovative Matchning af ejendomme: Fast ejendom mæglervirksomhed nemt

Matchning af ejendomme: Effektiv, nem og professionel ejendomsmægling med en innovativ portal med matchning af ejendomme

I stedet for at "bringe" ejendomme til køberen eller lejeren med en portal med matchning af ejendomme, kan potentielle købere eller lejere kvalificeres (søgeprofil), og derefter matches og linkes til de udbudte ejendomme af ejendomsmæglere.

2. Målsætning fra potentielle købere eller lejere og ejendomsejere

Set ud fra synsvinklen fra sælgere og ejere af ejendomme er det vigtigt at sælge eller leje deres ejendom hurtigt og til højeste pris.

Set ud fra synsvinklen fra de potentielle købere eller lejere er det vigtigt at finde den rette ejendom for at imødekomme deres behov og kunne leje eller købe den hurtigt og nemt.

3. Tidligere tilgange til søgning på ejendomme

Generelt bruger købere eller lejere af ejendomme store online ejendoms-/boligportaler til at lede efter ejendomme i deres foretrukne område. Dér kan de via e-mail få tilsendt ejendomme eller en liste med relevante links til ejendommene, når de har lavet en kort søgeprofil. Det bliver ofte gjort på 2-3 ejendoms-/boligportaler. Derefter bliver sælgeren ofte kontaktet pr. e-mail. Som følge deraf får sælgeren eller ejeren mulighed og tilladelse til at kontakte den interesserede part.

Derudover kontakter potentielle købere eller lejere forskellige ejendomsmæglere i deres område, og der oprettes en søgeprofil for dem.

Udbydere af ejendomsportaler kommer fra både den private og kommercielle ejendomshandelssektor. De kommercielle udbydere er primært ejendomsmæglere og i nogle tilfælde byggefirmaer, ejendomsmæglere og andre ejendomsfirmaer (i denne tekst bliver kommercielle udbydere betegnet som ejendomsmæglere).

4. Ulemper ved private udbydere / fordele ved ejendomsmæglere

Private udbydere kan ikke altid garantere et øjeblikkeligt salg for ejendomme til salg. For eksempel i tilfælde af en nedarvet ejendom er der muligvis ikke enighed blandt arvtagerne eller der mangler arvedokumenter. Desuden kan uklare juridiske problemstillinger, såsom beboelsesret, komplicere salget.

Når det gælder udlejningsejendomme, kan det forekomme, at den private udlejer ikke har fået de officielle tilladelser, f.eks. dem der kræves for at leje et erhvervslejemål som bolig.

Når en ejendomsmægler agerer udbyder, har vedkommende allerede og som regel afklaret ovennævnte forhold. Ydermere er alle relevante ejendomsdokumenter (tegninger, arealplan, energicertificeringer, skøde, officielle dokumenter osv.) som regel allerede tilgængelige.

Derfor kan salg eller leje hurtigt gennemføres uden komplikationer.

5. Matchning af ejendomme

For at kunne matche interesserede købere eller lejere med sælgere eller udlejere så hurtigt og effektivt som muligt, er det overordnet set vigtigt at have en systematisk og professionel tilgang.

Det gøres hér med en tilgang (fremgangsmåde), som er fokuseret omvendt på søge- og findeprocessen mellem ejendomsmæglere og interesserede parter. Det betyder, at i stedet for at "bringe" ejendomme til køberen eller lejeren, kan potentielle købere eller lejere med en portal med matchning af ejendomme (app) kvalificeres (søgeprofil), og derefter matches og linkes til de udbudte ejendomme af ejendomsmæglere.

På første trin laver de potentielle købere eller lejere en specifik søgeprofil på portalen med matchning af ejendomme. Søgeprofilen omfatter ca. 20 kendetegn. Følgende kendetegn kan inkluderes (ikke en fyldestgørende liste) og er afgørende for søgeprofilen.

- Område/postnummer/by
- Genstandstype
- Størrelse på ejendom
- Boligareal
- Købspris/husleje
- Byggeår
- Etager
- Antal værelser
- Lejet (ja/nej)
- Kælder (ja/nej)
- Altan/terrasse (ja/nej)
- Varme (form/type)
- Parkering (ja/nej)

Hér er det vigtigt, at kendetegnene ikke bliver indtastet manuelt, men i stedet bliver valgt ved at klikke eller åbne de relevante felter (fx

15

ejendomstype) fra en liste med foruddefinerede valgmuligheder (for ejendomstype: lejlighed, parcelhus, lagerlokale, kontor osv.)

Hvis det ønskes, kan de interesserede parter lave flere søgeprofiler. Det er også muligt at ændre søgeprofilen.

Derudover indtaster potentielle købere eller lejere kontaktoplysninger i de specifikke felter. Disse omfatter efternavn, fornavn, adresse, postnummer, by, telefon og e-mail-adresse.

I den sammenhæng giver de interesserede parter samtykke til at kunne blive kontaktet og modtage matchende profiler fra ejendomsmæglerne.

De interesserede parter indgår hermed også en kontrakt med operatøren af portalen med matchning af ejendomme.

På næste trin bliver søgeprofilerne gjort tilgængelige for de tilsluttede ejendomsmæglere, der endnu ikke er synlige, via en såkaldt application programming interface (api) - f.eks. i stil med det tyske progtammeringsinterface "openimmo". Det skal hér bemærkes, at dette programmeringsinterface - i bund og grund nøglen til implementeringen - skal understøtte eller garantere overførsel til næsten alle softwareløsninger til ejendomshandel, som p.t. er i brug. Hvis det ikke er tilfældet, bør det gøres teknologisk muligt. Da der allerede er forskellige programmeringsinterface i brug, såsom den tidligere nævnte "openimmo" og andre, skal det være muligt at overføre søgeprofilen.

Nu kan ejendomsmæglerne sammenligne profilen med deres aktuelle ejendomme på markedet. Til dette formål bliver ejendommene uploadet til portalen med matchning af ejendomme og sammenlignet og linket til de relevante egenskaber.

Efter sammenligningen er færdiggjort, bliver en rapport, som viser match i procent, genereret. Startende med 50 % match bliver søgeprofilen synlig for ejendomsmæglervirksomhedens software.

De forskellige kendetegn bliver opvejet mod hinanden (pointsystem), således at en procentdel for matchning (sandsynlighed for et match) bliver fastslået efter sammenligning af kendetegnene. For eksempel bliver kendetegnet "ejendomstype" vægtet højere en kendetegnet "boligområde". Desuden kan bestemte kendetegn (fx kælder) vælges, som ejendommen/boligen skal have.

Under sammenligningen af kendetegn til matchning bør det også sikres, at ejendomsmæglerne kun har adgang til deres ønskede områder. Det mindsker datasammenligningsindsatsen. Det er især vigtigt, da ejendomsmæglervirksomheder ofte agerer på områdebasis. Det bør hér noteres, at via cloud-løsninger er det nu muligt at lagre og behandle store datamængder.

For at garantere professionel ejendomsmægling/-handel er det kun ejendomsmæglere, der modtager adgang til søgeprofiler.

Til dette indgår ejendomsmæglerne en kontrakt med operatøren af portalen med matchning af ejendomme.

Efter den relevante sammenligning/matchning kan ejendomsmægleren kontakte den interesserede, og omvendt kan de interesserede parter kontakte ejendomsmæglervirksomheden. Hvis ejendomsmægleren har sendt en rapport til den potentielle køber eller lejer, betyder det også, at en aktivitetsrapport eller en ejendomsmæglers krav på provision på ejendomshandlen er dokumenteret ved et gennemført salg eller leje.

Dette er under betingelse af, at ejendomsmægleren er hyret af ejeren af ejendommen (sælger eller udlejer) til anbringelse af ejendommen, eller at der er givet samtykke til at vedkommende kan udbyde ejendommen.

6. Anvendelsesområde for applikationen

Den matchning af ejendomme, som er beskrevet hér, er gældende for salg og leje af ejendom i bolig- og erhvervssektoren. For kommercielle ejendomme er de respektive ejendomskendetegn ikke påkrævet.

Der kan også være en ejendomsmægler på den side, der består af de potentielle købere eller lejere, som det ofte sker i praksis, f.eks. hvis vedkommende er bestilt af kunder.

I forhold til geografiske områder kan portalen med matchning af ejendomme anvendes i næsten alle lande.

7. Fordele

Fremgangsmåden med matchning af ejendomme giver en stor fordel for de potentielle købere og sælgere, uanset om de søger i deres eget område (bopæl) eller er ved at flytte til en anden by eller område pga. arbejde.

De skal blot indtaste deres søgeprofil én gang for at modtage oplysninger om matchende ejendomme fra ejendomsmæglere, der arbejder i det ønskede område.

For ejendomsmæglere giver dette betydelige fordele i forhold til effektivitet og tidsbesparelse mht. salg eller leje.

De modtager en øjeblikkelig oversigt over, hvor stort potentialet er for de konkret interesserede parter for hver ejendom, de udbyder.

Desuden kan ejendomsmæglerne direkte tilnærme sig deres relevante målgruppe, som har oplyst specifikke tanker omkring deres "drømmebolig/-ejendom" i processen med at oprette deres søgeprofil. Kontakten kan f.eks. etableres ved at sende ejendomsrapporter ud.

Det øger kvaliteten af kontakten med de interesserede parter, der ved, hvad de leder efter. Det reducerer også antallet af efterfølgende fremvisningsaftaler, hvilket dermed reducerer den samlede markedsføringstid for mægling af en ejendom/bolig.

Efter den potentielle køber eller lejer har set ejendommen, kan købskontrakten eller lejeaftalen afsluttes, som i traditionel ejendomshandel.

8. Regneeksempel (potentiale) - kun for ejerboliger eller -huse (uden lejelejligheder eller -boliger eller erhvervsejendomme)

Følgende eksempel viser tydeligt potentialet for portalen med matchning af ejendomme.

I et geografisk område med 250.000 indbyggere, såsom byen Mönchengladbach (Tyskland), er der - statistisk afrundet - ca. 125.000 husstande (2 beboere pr. husstand). Hyppigheden for flytning er ca. 10 %. Det betyder, at 12.500 husstande flytter hvert år. Tallet for indflytning og udflytning af Mönchengladbach er ikke taget med i betragtning hér. Omtrent 10.000 husstande (80 %) søger lejeejendomme/-boliger, og ca. 2.500 husstande (20 %) søger ejendomme til salg.

I henhold til ejendomsmarkedsrapporten fra rådgivningskomitéen for Mönchengladbach var der 2.613 ejendomskøb i 2012. Det bekræfter ovennævnte tal på 2.500 potentielle købere. Der ville rent faktisk være flere, men det er ikke alle potentielle købere, som har kunne finde deres ideelle ejendom. Antallet af reelt interesserede, potentielle købere - eller specifikt antallet af søgeprofiler - er vurderet til dobbelt så højt som den gennemsnitlige flytterate på ca. 10 %, dvs. 25.000 søgeprofiler. Det omfatter muligheden for, at de potentielle købere har oprettet flere søgeprofiler på portalen med matchning af ejendomme.

Det er også værd at nævne - baseret på erfaring - at ca. halvdelen af alle potentielle købere og lejere indtil videre fandt deres ejendom/bolig via samarbejde med en ejendomsmægler, hvilket tilføjer yderligere 6.250 husstande.

Tidligere erfaringer viser også, at mindst 70 % af alle husstande søgte ejendomme via en ejendomsmæglerportal på internettet, hvilket er et samlet tal på 8.750 husstande (tilsvarende 17.500 søgeprofiler).

Hvis samtlige 30 % af alle potentielle købere og sælgere, dvs. 3.750 husstande (eller 7.500 søgeprofiler) oprettede en søgeprofil på en portal med matchning af ejendomme (app) for en by som Mönchengladbach, ville de tilsluttede ejendomsmæglere kunne tilbyde egnede ejendomme til potentielle købere via 1.500 specifikke søgeprofiler (20 %) og til potentielle lejere via 6.000 specifikke søgeprofiler (80 %).

Det betyder at, med en gennemsnitlig søgningstid på 10 måneder og et priseksempel på 50 EUR pr. måned for hver søgeprofil oprettet af potentielle købere eller lejere, er der et salgspotentiale på 3.750.000 EUR pr. år med 7.500 søgeprofiler i en by med 250.000 indbyggere.

Ekstrapolering af dette til hele Tyskland med befolkningstallet rundt op til 80.000.000 (80

millioner) indbyggere bliver salgspotentialet
1.200.000.000 EUR (EUR 1,2 milliarder EUR)
pr. år. Hvis 40 % af alle potentielle købere eller
lejere søgte ejendomme via portalen med
matchning af ejendomme i stedet for 30 %, ville
salgspotentialet stige til 1.600.000.000 EUR (1,6
milliarder EUR) pr. år.

Salgspotentialet henviser kun til ejerlejligheder
og ejerboliger. Udlejnings- og investeringsboliger
i ejendomssektoren og hele sektoren med
erhvervsejendomme er ikke inkluderet i
beregningen af potentialet.

Med ca. 50.000 virksomheder i Tyskland i
ejendomshandel og -mægler branchen (herunder
ejendomsmæglerkæder,   byggefirmaer,
ejendomshandlere og andre ejendomsfirmaer), ca.
200.000 medarbejdere og en andel på 20 % af
disse 50.000 virksomheder, som bruger denne
portal med matchning af ejendomme med et

gennemsnit på 2 licenser, er resultatet (med et priseksempel på 300 EUR pr. måned pr. licens) et salgspotentiale på 72.000.000 EUR (72 EUR million) pr. år. Ydermere, hvis en regional booking af lokale søgeprofiler bliver implementeret, kan et betydeligt større salgspotentiale genereres afhængigt af udformningen.

Med dette enorme potentiale for mulige købere og lejere med specifikke søgeprofiler behøver ejendomsmæglerne ikke længere opdatere deres egne databaser - hvis de har en - med interesserede parter. Desuden overstiger antallet af nuværende søgeprofiler sandsynligvis antallet af søgeprofiler, som er oprettet af mange ejendomsmæglere i deres egne databaser.

Hvis denne nyskabende portal med matchning af ejendomme bliver brugt i flere lande, vil potentielle købere fra fx Tyskland kunne oprette en søgeprofil til ferielejligheder på middelhavsøen Majorca (Spanien), og de tilsluttede ejendomsmæglere i Majorca kan vise deres matchende lejligheder til potentielle tyske kunder via e-mail. Hvis oversigterne er på spansk, kan potentielle lejere p.t. blot bruge et oversættelsesprogram fra internettet til hurtig oversættelse af teksten til tysk.

For at kunne implementere matchningen af søgeprofiler til tilgængelige ejendomme/boliger uden sprogbarrier, kan en sammenligning af de respektive kendetegn foretages i portalen med matchning af ejendomme baseret på de programmerede (matematiske) kendetegn, uanset sprog, og det relevante sprog bliver tillagt til sidst.

Hvis man bruger portalen til matchning af ejendomme på alle kontinenter, vil det førnævnte ekstrapolerede salgspotentiale (kun for dem, der er interesseret i at søge) meget forenklet se ud som beskrevet nedenfor:

Global befolkning:
7.500.000.000 (7,5 milliarder) indbyggere

1. Befolkningen i industrialiserede lande og meget industrialiserede lande:
2.000.000.000 (2,0 milliarder) indbyggere

2. Befolkning i vækstlande:
4.000.000.000 (4,0 milliarder) indbyggere

3. Befolkning i ulande:
1.500.000.000 (1,5 milliarder) indbyggere

Det årlige salgspotentiale for Tyskland er konverteret og projekteret til 1,2 milliarder EUR med 80 millioner indbyggere med flg. formodede faktorer for industrialiserede lande, vækstlande og ulande.

1. Industrialiserede lande: 1,0

2. Vækstlande: 0,4

3. Ulande: 0,1

Resultatet er flg.: årligt salgspotentiale (1,2 milliarder EUR x befolkning (industrialiserede lande, vækstlande eller ulande)/ 80 millioner indbyggere x faktor).

1. Industrialiserede
   lande: 30,00 milliarder EUR

2. Vækst-
   lande: 24,00 milliarder EUR

3. U-
   lande: 2,25 milliarder EUR

   Total: **56,25 milliarder EUR**

9. Konklusion

Den viste portal med matchning af ejendomme giver betydelige fordele for dem, der leder efter ejendomme/boliger (interesserede parter) og for ejendomsmæglere.

1. Den tid, der er nødvendig for at lede efter egnede ejendomme er betydeligt reduceret for de interesserede parter, fordi de kun behøver at oprette deres søgeprofil én gang.

2. Ejendomsmægleren får et overordnet overblik over antallet af potentielle købere eller lejere, herunder oplysninger om deres specifikke behov (søgeprofil).

3. De interesserede parter modtager kun de ønskede eller matchende ejendomme/boliger (baseret på søgeprofilen) fra alle ejendomsmæglere (ligesom et automatisk forvalg).

4. Ejendomsmæglerne reducerer deres indsats i forhold til at vedligeholde deres egne databaser med søgeprofiler, da et stort antal nuværende søgeprofiler således bliver permanent tilgængelige.

5. Da det kun er kommercielle udbydere/ejendomsmæglere, som er tilsluttede portalen med matchning af ejendomme, kan de potentielle købere og lejere samarbejde med erfarne ejendomsmæglere.

6. Ejendomsmæglerne reducerer antallet af deres fremvisningsaftaler og den samlede markedsføringstid. Til gengæld reduceres antallet af fremvisningsaftaler for potentielle købere og lejere, såvel som tiden frem til en afsluttet handel (køb eller leje).

7. Ejerne af ejendomme til salg eller leje sparer også tid. Der er yderligere

økonomiske fordele med mindre liggetid for udlejningsejendomme og hurtigere købsbetaling for ejendomme til salg som resultat af hurtigere udlejning eller salg.

Ved at implementere dette koncept til matchning af ejendomme/boliger kan der opnås betydelige fremskridt inden for ejendomshandel/-mægling.

10. Integrering af portalen med matchning af ejendomme i nyt software til ejendomsmæglervirksomheder, herunder ejendomsvurdering

Som endelig bemærkning kan den beskrevne portal med matchning af ejendomme være en vigtig del af en ny - ideelt set globalt tilgængelig - softwareløsning til ejendomsmæglervirksomheder fra starten af. Det betyder, at ejendomsmæglere enten kan bruge portalen med matchning af ejendomme i tillæg til deres nuværende softwareløsninger til ejendomsmæglervirksomheder, eller ideelt set bruge den nye softwareløsning til ejendomsmæglervirksomheder, inklusiv portalen med matchning af ejendomme.

Ved at integrere denne effektive og innovative portal med matchning af ejendomme i en ny software til ejendomsmæglervirksomheder skabes der et fundamentalt enestående salgspunkt for softwaren til ejendomsmæglervirksomheder, som vil være afgørende for markedspenetration.

Siden ejendomsvurderinger er, og forsat vil være, et essentielt element i ejendomsmæglervirksomhed, skal softwaren til ejendomsmæglervirksomheder have et integreret ejendomsvurderingsværktøj.

Ejendomsvurderingen med de tilhørende beregningsmetoder kan få adgang til relevante dataparametre fra ejendomsmæglervirksomhedens indtastede/gemte kendetegn. På samme måde kan ejendomsmægleren kompensere for manglende parametre med sin egen lokale viden om markedet.

Desuden bør softwaren til ejendomsmæglervirksomheder have mulighed for integrering af virtuelle ejendomsfremvisninger af tilgængelige ejendomme. Dette kan let implementeres ved udvikling af en yderligere app til mobiltelefoner og/eller tablets, som kan registrere og derefter integrere den virtuelle ejendomsfremvisning - stort set automatisk - i softwaren til ejendomsmæglervirksomheder.

Hvis den effektive og innovative portal med matchning af ejendomme bliver indbygget i en ny software til ejendomsmæglervirksomheder med ejendomsvurdering, stiger det potentielle salgspotentiale igen betydeligt.

Matthias Fiedler

Korschenbroich, 10/31/2016

Matthias Fiedler

Erika-von-Brockdorff-Str. 19

41352 Korschenbroich

Tyskland

www.matthiasfiedler.net

www.ingramcontent.com/pod-product-compliance
Lightning Source LLC
Chambersburg PA
CBHW071529210326
41597CB00018B/2929